इश्क़

दिव्या तिवारी

क्रम-सूची

विचार

क्रम-सूची

आसान था जितना ही इश्क़ करना
उतना ही मुश्किल था इश्क़ लिख पाना

1. पहली मुलाक़ात

जब पहली बार मैंने देखा था तुम्हें, तुम बादामी रंग की सर्ट और गहरे नीले रंग की जिंस पहने थे ।बाल तुम्हारे लंबे,और कलाई में काली घड़ी थी । मैं कॉलेज के तीसरी मंजिल पे थी और तुम कैम्पस के ग्राउंड में बारिश में भीगते हुए कॉलेज के अन्दर की तरफ ही आ रहे थे । मैं तुम्हे देखते ही रहने के लिए सीढियों की ओर चली गई ताकि मैं तुम्हे थोड़ी देर और देख सकू लेकिन तुम जल्दी में थे जल्द ही अपने क्लाश रूम में चले गए । हा हम अलग अलग क्लाश से थे । मैं कॉमर्स की टॉपर और तुम आर्ट के नम्बर वन हिरो । जहाँ कई लोग मेरे पीछे पड़े थे वहां मेरे सारे दोस्तो को पता था कि हम तुम्हारे दीवाने हैं । काम नही हुआ करता था मेरा तुम्हरी बिल्डिंग में लेकिन हर रोज एक नए बहाने से घूमने जाया करती थी तम्हारे बिल्डिंग में । जरूरत तो नही थी कोई नए दोस्त बनाने की लेकिन आर्ट्स में भी दोस्त बनाए थे सर्फ तुम्हे देखने की खातिर । याद है वो पहला दिन जब मैंने तुम्हें देखा था तुम बादामी रंग की शर्ट पहने हुए थे और बारिश में भीग रहे थे ,तुम्हारे शर्ट की ऊपर की तीन बटन खुली हुई थी जिससे तुम्हारे गोर बदन को मैं देख पा रही थी । बारिश में भीगे तुम्हारे बदन से तुम्हारी शर्ट चिपका हुआ और तुम अपने गिलो बालो में हाथ फेरते हुए आगे के बालों को अपने दोनों हाथों से पीछे करते वक्त बेहद हैंडसम लग रहे थे, और तुम्हारी काली गहरी श्याही सी आँखे बेहद लुभावनी लग रही थी उस

वक़्त मुझे। यू तो तुम हर वक़्त अपनी आँखो पर चश्मा पहने होते थे लेकिन उस दिन बारिश की वजह से अपना चश्मा उतार अपनी शर्ट की चौथी बटन पर लगा दिया था । तुम जब सीढियों से ऊपर की तरफ आए और तुम्हारे कदम मेरी तरफ ही बढ़े आ रहे थे । मैं तुम्हे इतना ध्यान से देख रही थी कि मानो मैं सब कुछ भूल ही चुकी हूँ । मैं अपनी ख्वाबों की दुनियां में खोए तुम्हे देख ही रही थी कि तुम इतने में मेरे करीब आ पहुँचे थे ।मैं अपनी ख़याबो की दुनियां से बाहर आते हुये जब तुम्हे अपने इतने करीब देखा तो मेरी धड़कने जोर जोर से चलने लगी । तुम मुझसे कुछ कह रहे थे लेकिन मैं इतनी मदहोश थी उस वक़्त की तुम्हे मैं ठीक तरीके से सुन ही नही पा रही थी । मैं कुछ कहना भी चाहती थी लेकिन मेरी ज़ुबान मेरे होंठो का साथ नही दे पा रही थी । फिर तुम मेरे चेहरे के सामने अपने हाथों को हिलाते हुए मुझे कहा - हेलो मिस .... तुम मुझसे मेरा नाम पूछ रहे थे उस वक़्त । मैं हिचकिचाते हुए बोली मेहेर , मेहेर झाँ । फिर तुम बोले मेहेर मुझे लगता है आपको भी अब अपने घर चले जाना चाहिए । कॉलेज के सारे बच्चे जा चुके थे । बारिश कुछ ही देर में और तेज होने वाली है । आप अकेली है या कोई है आपके साथ? मैं बड़े उत्सुकता और प्यार से सुनते हुए बोली नही मैं अकेली ही हूँ । उन्होंने बोला तो फिर चलिए मिस मेहेर मैं भी घर जा रहा था साथ मे चलते है कॉलेज के गेट तक फिर आप चले जाना । मैं हा में सिर हिलाते हुए साथ चलने लगी । तुम उस वक़्त तेज कदमो से चल रहे थे और सामने देखते हुए चले जा रहे थे लेकिन मैं एकटक बस तुम्हे ही देखे जा रही थी और मेरे कदम धीरे भी थे । बारिश तेज होती जा

रही थी इस लिए तुमने मेरा हाथ पकड़ा और लगभग दौड़ते हुए कॉलेज के बाहर पार्किंग तक मुझे ले आए । फिर बॉय बोल कर तुम मुड़े मेरा हाथ छोड़ कर , कुछ दूर पहुँच कर तुम वापस मेरे पास आए , मैं अब भी वही खड़ी तुम्हे जाते हुए देख रही थी । तुम वापस आकर बोले आपको जाना कहा है मैं बोली .... तुम बोले मैं भी उधर ही जा रहा हूँ चलिए आपको छोड़ देता हूँ वैसे भी मौशम बहुत खराब है और बारिश भी रुकने का नाम नही ले रही ऐसा बोल तुम आगे की तरफ चलने लगे मैं तुम्हारे कदम मिलाते तुम्हारे पीछे चली गई । तुम्हारी गाड़ी में बैठ हम लोग घर की ओर बढ़ने लगे । कॉलेज से मेरा घर पौने सात किलोमीटर दूर था । अभी हम थोड़ी दूर ही पहुँचे थे कि तुम बोल पड़े मेरा नाम.. मैं तुम्हारे बोलने से पहले ही बोल पड़ी विवान मेहता । तुम मुस्कुराते हुए मेरी तरफ देखे और हैरानी से पूछा मुझसे ,आपको मेरा नाम कैसे पता ? मैन बोला नाम ही नही और भी बहुत कुछ पता है -आर्ट्स ग्रुप, 1 बिल्डिंग, 3 फ्लोर 37 रूम नम्बर 2nd बेंच विंडो सीट आपका है और आप मेरे घर से 3 किलोमीटर दूर एक बड़े से घर मे छोटी सी फैमिली के साथ रहते है । इतना सब कुछ मेरे मुंह से सुनकर तुम बोले आपको तो बहुत कुछ पता है मेरे बारे में , हस्ते हुए बोले लगता है आप मुझे स्टॉक करते हो । मैं थोड़ी सहम गई और बोली नही नही ऐसा नही है वो बस .... तुम मुझे चुप कराते हुए बोले अरे बाबा मैं मजाक कर रहा हूँ और जोर जोर से हसने लगे । फिर बोले तो आज से हम दोस्त? राईट? मैं नजरे झुकाये हल्की सी मुस्कान के साथ हा में सिर हिलाते हुए बोली हा फिर कुछ देर के लिए हम दोनों ही खामोश हो गए फिर मैं पूछी आप मेरे बिल्डिंग में

आज कैसे? तो तुमने कहा तुम्हारे डिपार्टमेंट में कुछ काम था तो बस वही...... । अच्छा ,अच्छा

इतने में मेरा घर आ गया और मैं बॉय बोल कर गाड़ी से नीचे उतरी अब बारिश भी बंद हो चुकी थी फिर तुम भी गाड़ी से उतर कर मेरे पास आये और बोले तो मैं भी चलता हूँ मिलते है फिर कॉलेज में। मैं हा बोलकर तुम्हे देखने लगी तुम भी हल्की मुस्कान के साथ देख ही रहे होते हो । यू ही कुछ देर चलता रहता है फिर तुम अपनी गाड़ी में बैठ कर चले जाते हो और मैं भी अब अंदर की तरफ बढ़ते हुए तुम्हे सोचती हूँ और अपने कमरे में जा पहुँचती हूँ

ये थी हमारे पहले मुलाकात की कहानी।।।।।।।

2. गुमनाम आशिक़

कई सालों बाद जब मैं इस दुनियां को अलविदा कह चुकी रहूँगी । तब कोई मेरी मोहब्बत के राज जानने आएगा। हताश हो वो इस तलाश में आएगा ,मेरे गुमनाम आशिक का नाम जानने आएगा ।सराबोर हो मेरे इश्क़ के रंग में वो शायद बिना नाम ढूंढे ही वापस चला जाएगा ।

जब पहुँचेगा वो मेरे कमरे तक, जो कई सालों से बंद पड़ा है । मेरे बाद उसको कभी किसी ने खोला नहीं । दरवाजे को छूते ही उसे मेरे इश्क़ का स्पर्श मिलेगा । दरवाजा खुलते ही मेरा कमरा, मैं और मेरा इश्क़ कुछ इस कदर बिखरे मिलेंगे जैसे उसे कई सालों से समेटा ही ना गया हो।

हाँ बिल्कुल ठीक --------- कई सालों से उसे समेटा ही नही गया है । मेरे बिखरे कमरे की हर एक चीज से उसकी याद जुड़ी है । उन हर एक चीज में उसका स्पर्श है । जिन्हें मैं कभी उन चीजों को अपना दूसरा स्पर्श ना दे पाई । कही यादे फीकी ना पड़ जाए बस इसीलिए उन्हें बिखरा ही रहने दिया । कमरे की दीवार पर कतरा कतरा मेरे इश्क़ का मिलेगा । उस दिवार पर कहि टँगी मिलेगी , मेरी ख़ामोशी और मेरे अनकहे जज़्बात । मेरे बिस्तर की चादर की सिलवटों में छुपा मिलेगा हजारो राज ,हर एक नए सिलवट में नए किस्से मिलेंगे और भरपूर लिपटा मिलेगा मेरा प्यार । चादर का हर एक रंग मेरे इश्क़ के रंग से रंगा मिलेगा । वही मेज पर रखा मिलेगा चाय का वो कप ,और वह चाय जो मैंने अपने हाथों थे बनाया था उसके लिए

दूसरी और आखिरी बार, उसने मेरे साथ बैठ कर उस चाय की चुस्कियाँ ली थी । चाय पी कर उसने आखिरी के ढाई घुट उसमे छोड़ दिए थे। वो चाय उस कप में पड़े पड़े अब तक तो सुख ही गया होगा लेकिन उस में उसके गुलाबी होठो की चुम्बिश लगी रह गई थी । इसी लिए मैं उसे सहेज कर रख दी थी । एक तस्वीर थी उसकी मेरे पास जो मैंने उसके बटुए से दूसरी बार मिलने पे चुराई थीं । वो आज भी वही पड़ी होगी मेरे सिरान्हे ,दाहिनीं तरफ वाले तकिये के नीचे ।

कमरा भरपूर अंधेरो से भरा होगा ,लेकिन उसमें मेरे इश्क़ की खुशबू, प्यार की चहक ,उसकी मुस्कुराहटे और प्यारी सी आवाज़ गूंज रही होगी कमरे में । कमरे के हर एक कोने में मौजूद मिलेगा ,मेरी मोहब्बत के अवशेष । कुछ अधूरे ख्वाब भी दिखेंगे मेरे कमरे की खिड़की से जहाँ मैं घण्टों बैठ के उसे एक नज़र देखने का इंतज़ार किया करती थी । सिर्फ उसकी एक झलक पाने को मैं सुबह से शाम कर देती थी उसी खिड़की पर । हजारों दफ़ा सोची मैं की अपनी मोहब्बत का इज़हार कर दूं लेकिन शायद उसके साथ अपनी दोस्ती को भी खो देने का डर मुझे कभी अपनी बात कहने ना दिया । खैर मेरी मोहब्बत मुकम्मल ना हो पाई और बन्द पड़ी रह गई मेरी अलमारी में , वो अलमारी जिसमे मैं कैद कर छुपाई हूँ । उस आलमारी को खोलते ही आभास होगा कि कोई गले लग गया हो ।
उस अलमारी में सिर्फ प्यार की निशानियां ही मिलेंगीं । एक चॉकलेट का रैपर जो उसने मुझे दूसरी बार मिलने पर दिया था । मैं चॉकलेट तो उसके संग बैठ के खत्म कर दी थी लेकिन वो रैपर संभाल रखी । वो पायल जो उसने

तोहफे में मुझे जस्ट नार्मल कह कर दिया था और कहा था हो सके तो इसे हमेशा पहने रहना । उस दिन से मैं उसे कभी उतारी नही , पायल के साथ साथ मैं संभाल रखी थी एडवरटाइजमेन्ट के दो पेपर भी जो उस पायल वाली प्लास्टिक में उसके साथ थी । वही उसकी खुश्बू से लिपटी मेरे इश्क़ में डुबी एक शर्ट टंगी मिलेंगी और ढेरों बाते जो मैं लिख रही थी उस आल्मारी में, जो मैं उससे कहना चाहती थी लेकिन कभी कह न पाई । बहुत छोटी छोटी बाते लिख रखी थी मैंने और कुछ खाश तारीखे और उसकी सारी खास बातें भी । एक डब्बे में कैद वो डायरी और छोटे छोटे कागज के टुकड़े पड़े मिलेंगे । अलमारी के मध्य रैक पर कुछ कविताएं ,कहानियां ,कुछ किस्से ,कुछ बाते जो मैं जीते जी उसे कभी कह ना पाई । उस आल्मारी के बगल में फर्श और पश्चिम की दीवार से लगी एक बड़ी सी पेंटिंग मिलेंगी । जो मैं उसकी याद में बनाना शुरू की थी पूरा इश्क़ का रंग डाल कर लेकिन वो पेंटिंग कभी पूरी ना हुई । बिल्कुल मेरी मोहब्बत की तरह मैं अलविदा कह गई इस दुनियां को अपने गुमनाम आशिक को अमर बना गई । वो आशिक जिसे मैं जीते जी बेपनाह मोहब्बत करती रही ।

3. कोरा कागज़

तुम्हारे जाने के बाद मैंने मैंने कभी लिखा नहीं तुम्हारे बारे में। नहीं नहीं इसलिए नहीं कि मैं लिखना नहीं चाहता ,मैंने लिखा इसलिए नहीं ,क्योंकि जो तुम्हारी यादें हमारे दिल के तहो में दबी हुईं है । जिन्हें मैं संभाल कर ,सबसे छुपा कर अपने दिल मे रख रखा हूँ । उन्हें मैं कभी कागज़ के टुकड़ों पर उतारना ही नहीं चाहा ,क्योंकि अगर मैं उन बातों को कागज़ के टुकड़ों को बता देता तो शायद आज घर के किसी अलमारी के कोने में पड़ा होता और शायद मेरा दिल खाली ।

लेकिन आज अचानक ही ना जाने क्यों उन सारी बातों को डायरी के पन्नो से कह देने का मन कर रहा है। आज मैं उसे सब बात देना चाहता हूँ , जो इतने सालों में मैने किसी से नहीं कहा। आज पहली बार कलम उठाया हूँ। लेकिन कहाँ से शुरू करु, कौन सी बातों को पहले लिखूं, कौन से क़िस्से पहले लिखूं, कौन सी यादों को डायरी के किन पन्नो में छुपाऊँ, वो पहली मुलाकात लिखूं, या तुम्हारे आखिरी अल्फ़ाज़ ,तुम्हारे आने की आहट लिखूं या तुम्हारे साथ होने का एहसास, तुम पर लिखूं या तुम्हारे बारें में लिखूं , या वो लिखूं जो तुम्हारे भारी -भारी सपने तुम्हारे हल्के- हल्के से पलकों पर जो थे। बहुत कुछ लिखना चाहता हूँ । मैं तुम्हारे उलझे उलझें से बालों पर एक शेर लिखना चाहता हूँ ,मैं तुम पर एक ग़ज़ल लिखना चाहता हूँ ,मैं तुम्हारे मन की चंचलता को डायरी के इन पन्नों को बताना चाहता हूँ

। कभी कभी तुम्हारी ख़ामोशी से जो घर मे सन्नटा सा छा जाता था। उस पर पूरी किताब लिख देना चाहता हूँ । मैं तुम्हारी ही छवी इन कागजों पर उतरना चाहता हूँ । क्या लिखूं? ये सोचते ही रह गया आज फिर मैं, आज फिर मैं तुमपे कुछ लिख ना सका । आज फिर तुम्हारी यादो का कहर दिल पे असर गहरा कर गया ।आज फिर तुम्हारे यादे गहरी पड़ गई हमारी कलम की श्याही से ज्यादा। आज फिर मैं तुम पर कुछ लिख ना सका। आज फिर ये कागज़ कोरा ही रह गया ।

4. मोहब्बत के अवशेष

हजारों साल बाद, मैं आज इस खंडहर से पड़े शहर को खोंद निकाली। बेतुफ़्ल सी उसी कमरे की ओर बढ़ चली । कमरे का दरवाजा आधा खुला मिला,ऐसा लगा जैसे किसी के इंतजार में इसे खुला ही छोड़ दिया गया हो। बेझिझक मैं कमरे की ओर बढ़ चली। सामने फर्श पर एक टूटा हुआ कप मिला, शायद वो लापरवाही से पकड़ने की वजह से हाथो से फिसल कर टूट गया होगा। वो कमरा... वो कमरा कुछ इस कदर बिखरा मिला ,मानो कोई उसे अचानक ही छोड़ कर चला गया हो। वही मेज पर रखा एक चश्मा मिला,जिसका एक सीरा टूट गया था और शायद किसी ने उसे प्यार से उसके दूसरे सिरे से लगा कर एक ड़ोर बांध दीया था। वही रखा वो आईना अब धुंधला पड गया था। बिल्कुल पुरानी यादो की तरह। खिड़कीया आधी खुली थी। शायद तेज हवा के छोके से चिटकनी टूट गई होगी और दरवाजा खुला ही रह गया होगा , उस कमरे की दीवार पर एक तस्वीर टँगी हुई थी। जिसका एक सिरा टूट गया था और वो तस्वीर सिर्फ एक सिरे पे टँगी हुई थी। हजारों साल बितने के बाद भी ऐसा लग रहा था मानो की कोई अभी अभी इस कमरे से बाहर निकला हो। वो सारी चीजें अब धुंधली दिख रही थी,पर सटीक दिख रही थी । तकिये के पास एक उपन्यास मिला ,जिसके मध्य का एक पेज ऊपर के सिरे से मुड़ा हुआ था। शायद वो उपन्यास बस वही तक पढ़ा ही गया होगा। वही फर्श पर धूल की एक मोटी परत चादर की तरह

लगी हुई थी और वही पर एक कागज मिला । जिसमे चार पंक्तियों में मोहब्बत के नज़म लिखे हुए थे और आखिरी में लिखा था । मोहब्बत अवशेष रह गया।

5. प्रेम

हम करोड़ो की इस भीड़ में
कई हजार लोगो से मिलते है
उनमे से कुछ हजार से हमारी जान पहचान होती है
और कुछ 100 लोगो से हमारे अच्छे संबंध होते है
उस 100 लोगों में से कोई एक होता है खास ,बहुत खास
करीब,बेहद करीब,दिल के एकदम पास
जिसे हम अपनी पसंद से चुनते है
नही शायद चुनते नही,खुदा हमारे लिए चुनता है
और फिर अपनी की हुई साजिश के तहत हमे मिलता है
वो एक इंसान जो हमें बाकियो से अलग लगता है
हम उसको और ज्यादा जानने के बारे में उत्सुक होने लगते
है , धीमे धीमे एक दूसरे के बेहद करीब होते है
उसकी पसंद हमारी पसंद हो जाती है
उसकी सोच हमारी सोच से मिलने लगती है
और फिर तब हमें एहसास होता है कि ये प्यार है
हाँ प्यार , फिर होती है हमारे प्यार के कहानी की शुरुआत
ऐसी ही है हमारी एक प्रेम कहानी-----(:-
हमारी कहानी थोड़ी अलग थी
हा थोड़ी और से अलग और शायद थोड़ी खास भी
फिर चाहे वो ज़माने के लिए आम ही क्यों ना रही हो
हीर रांझा, लैला मजनू,रोमियो जुलेट जैसी नहीं
ना अलग और ना ही अमर प्रेम कहानियों जैसी थी
बस हमारे लिए जमाने से अलग थी

सच्ची थी शायद इसलिए अधूरी रह गई

एक सफर था हमारा भी

जहा चलना भी संग था और मिलना भी नही था

सफर सब संग था लेकिन हमसफर अलग था

जमाने की हिसाब से ही था ,लेकिन जमाना अलग था

उस जमाने की कहानी जिसने

हमें मिलाया तो इस जमाने ने ही था

और शायद उसी के हाथों की लिखी हमारी कहानी भी थी

जो हमे मिलाया तो लेकिन एक ना होने दिया

ना हम कभी मिल सकें , ना हो पाएंगे कभी जुदा

तन से चाहे कितने भी दूर क्यों ना हो जाये

मन से सदा एक ही पाए जायँगे

मिलो की दूरियाँ किलोमीटर में जाहे जितनी हो

लेकिन दिलोमीटर कही आस पास ही दिखेंगे

हमारी कहानी भी उन्ही प्रेम कहानियों में से एक है जिसमे
लड़ाई झगड़े,प्यार तकरार, रूठना मनाना , हँसना रोना, जैसी
ठेर सारी खटी मिट्ठी यादे भरी है । जिनके साथ ही अब
बस जिंदगी है । फिर चाहे वो हक्कीत हो या फिर यादें
। जमाने की हजार तकलीफो के बाद भी इसके संग सब
आसान लगता है। बिना इसके खुशियां भी मेहमान लगते है

6. तुम , और मेरा शहर

आज मैं बहुत खुश हूँ क्योंकि पूरे 11 महीनो के बाद, तुम मेरे शहर वापस आ रहे हो । मेरा शहर और शायद, हमारा शहर । वही शहर जहाँ हम पहली बार मिले थे । हमारी ज्यादा मुलाकातें तो हुई नही लेकिन जो भी 2 - 4 हुई है , वो इसी शहर में हुई है और शायद हमारी आखिरी मुलाकात भी इसी शहर में होगी । खैर मुझे पता तो नही की हमारी आखिरी मुलाकात कौन सी होगी।

हमारे मुलाकात की तरह हमारे प्यार की शुरुआत भी इसी शहर में हुई और वो हमारे प्यार के छोटे मोटे किस्से भी इसी शहर में हुए है जो मुझे आज भी ऐसे याद है जैसे वो कल की ही बात हो ।

मेरे शहर की कच्ची सड़क सुनसान देख तुम्हारा मेरा हाथ थामना हो या अकेले में मुझे सीने से लगा , मेरे माथे को चूमने हो ।

ऐसी ही बहुत ढेर सारी यादे जुड़ी है मेरी तुम्हारे संग इस शहर में शायद इसी लिए मुझे खुद से ज्यादा इस शहर से मोहब्बत है।

और जब तुम आज मेरे शहर वापस आ रहे हो तो मैंने तुम्हारे पसंद का काला कुर्ता पहन, कान में झूमकीय वो डाली है जो तुम्हे पसंद है,बालो को आज खुला रखा है क्योंकि तुम्हे पसंद है। और मीठे में सेवइयां बना कर मैं आ रही हूँ उसी एयरपोर्ट पे जहाँ आज शाम तुम्हारी फ्लाइट 5:30 पे लैंड होगी ।

मैं समय से पहले ही वहां पहुँच रही हूँ ताकि मैं तुम्हारा पहला कदम अपने शहर में देख सकू । तुम्हे उम्मीद तो होगा नही की मैं तुम्हे वहाँ मिलूंगी इसीलिए तुम मुझे अचानक ही वहाँ देख कर चौक जाओगें और अपनी आँखों से चश्मा उतारते हुए आंखे बड़ी करते हुए मुझे देखोगें । तुम कुछ कहना चाहोगें मुझे लेकिन तुम्हारे पास शब्द नही होंगे ,दौड़ कर करीब आ मेरे, मुझे सिने से लगाना चाहोंगे । तुम ये सब सोच ही रहे होंगे कि अचानक तुम्हारी नज़र तुम्हारे हाथो में वो दूसरा हाथ पे जा रुकेगी और तुम वही रुक जाओगे फिर कुछ देर बाद तुम मेरे सामने से होते हुए एयरपोर्ट के बाहर चले जाओगें । एयरपोर्ट के बाहर लगी अपनी गाड़ी में बैठ तुम कल्पनाओं में डूब जाओगें । उस कल्पना में मैं तुम्हारी बगल वाली सीट पे तुम्हारे पास मिलूंगी और हम एक दूसरे को देख रहे होंगे । थोड़ी ही देर में ही हम एक दूसरे की आंखों में डूब जाएँगे और ऐसे खो जायँगे एक दूसरे में कि मानो दुनियां अपनी हम भूल ही जायेंगे ।और फिर शफर के संग शुरू होगी हमारी कभी ना खत्म होने वाली बातें । हम दोनों मन ही मन कामना कर रहे होंगे कि ये सफर कभी खत्म ही ना हों । फिर कुछ ही देर बाद तुम्हारी गाड़ी तुम्हारे मंजिल पे जा रुकेंगी और तुम अपनी कल्पनाओं से बाहर आओगें । गाड़ी से नीचे उतर कर तुम अपने इधर उधर देखोगें, तुम मुझे ढूंढ रहे होंगे लेकिन मैं तुम्हे वहाँ नही मिलूंगी।

मैं वहाँ नही रहूंगी लेकिन मेरी मौजूदगी का एहसास रहेगा । तुम जब आखिरी बार मुझसे मीले थे तो तुम्हारा रुमाल रह गया था मेरे पास । उसी रुमाल पे अपना ईत्र छिड़क कर भेज रही हूँ । तुम जैसे ही उस रुमाल को खोलोगे

,मेरी खुशबु तुमसे जा लिपटेगी और तुम मेरे ख्यालों में डूब जाओगें ,मेरी ढेर सारी यादें तुम्हें चारों तरफ से घेर लेंगी । इस तरह मैं तुम्हारे करीब ना हो कर भी तुम्हारे एहसासों को महशुस कर पाऊंगी ।

तुम मेरे शहर आकर ,मुझसे मिलने तो आओगें ना जाना ???
तुम्हारी सुनैना

7. मेरे प्रिये

प्रिय अज्ञात

मेरे अज्ञात प्रेम ,मैं जब भी उदाश होती हूँ, ना जाने क्यों अपनी उदाशी को दूर करने के लिए तुम्हारा ही सहारा लिया करती हूँ । मेरी कल्पनाओं में तुम मुझसे मेरी उदाशी को कही दूर ले जाते हो , आभाष करती हूँ कि तुम अगर रहते तो शायद मेरी उदाशी की वजह जानना चाहते और मुझे मेरे गमो से उभरने में मेरी मदद भी करते । मेरे अज्ञात प्रेम तुम कौन हो,मुझे नही पता लेकिन तुम मेरी कल्पनाओं में मेरे एकदम करीब हो और शायद सबसे खास भी ही क्यों कि मेरी उदासी हो या मेरा अकेलेपन तुम ही होते हो मेरे करीब उस वक्त । शायद तुम ही बस एक मेरे हृदय के इतने करीब हो । मुझे तुमसे प्रेम है और शायद बहुत ज्यादा है लेकिन मैं कभी अपने प्रेम के बदले तुमसे प्रेम नही चाहा । हाँ अगर चाहा है कुछ तुमसे तो वो इज़्ज़र ,भरपूर इज़्ज़त ,तुम्हारा साथ और उस वक्त तो बिल्कुल तुम्हारा साथ चाहा है जिस वक्त मैं अंदर से बहुत अकेली होती हूँ, बहुत अकेली और उस वक्त मैं बस तुम्हे याद किया करती हूँ । जो बातें मैं नही कह पाती हूँ औरो से या खुद से वो मैं तुमसे कहा करती हूँ । मुझे पता है कि तुम मेरी सिर्फ कल्पना हो इसीलिए मैं अपनी कल्पना से जैसा उम्मीद करती हूँ वो वैसा करता है मेरे लिए ये कल्पना बहुत अच्छा है शायद हाकिकित से भी ज्यादा क्यों कि हाकिकित में कही ना कही ,कभी ना कभी एक ऐसा दौर आता,कोई ऐसी बात आती

जब तुम मेरा साथ नही देते और उस वक्त मैं और टूट जाती क्योंकि मुझे सारी उम्मीद सिर्फ तुमसे है । इसीलिए शायद तुम मुझे कभी हाकिकित में मील नहीं पाओगे ,मेरी कल्पनाओ में ही हमेशा मेरे साथ रहोगे । तुम्हे पता है ना कि ये बात सिर्फ तुम्हे पता है ,कि मुझे छोटी छोटी चीजो से बहुत ज्यादा तकलीफ होती है,मैं छोटी छोटी बातों को दिल से लगा लेती हूँ । उम्मीद करती हूं कि तुम इस बात का ख्याल रखोगे । हमेशा तो नही कह सकती लेकिन मेरे बुरे वक्त में तुम इसका ख्याल रखोगे ऐसा उम्मीद करती हूं तुमसे प्रिये......

तुम्हारी ....
प्रिय लेखिका

8. उम्मीद वाला स्वाद

एक रोज शाम में यू ही अकेली मैं अपनी छत पर बैठी पंक्छियो से , आसमान से तो कभी खुद से बाते कर रही थी । वैसे तो मुझे ढलती शाम बेहद पसंद है ,इसलिय हर शाम मैं अकेली उसे देखने छत पर चली जाया करती हूँ लेकिन वो शाम कुछ खास थी । बेहद सुहानी शाम थी और मन मे भी तितलियां उड़ रही थी और बस मन हुआ कि इस शाम में कोई खाश बैठा हो मेरे करीब और एक कड़क अदरक वाली मसालेदार चाय हो साथ मे तो मजा आ जाता । ये ख्याल आया और मैने सोचा कि वो खाश तो कभी आता नही, जिसका इंतजार मैं हमेशा करती हूँ। तो मैंने सोचा कि क्यों ना अदरक वाली चाय का ही लुफ्त उठाया जाए । तो मैं चाय बनाने के लिए नीचे उतरी और अपनी किचन में गई तो देखा कि अदरक खतम हो चुका था । मैं अभी सोच ही रही थी कि पास की दुकान से जा कर ले आती हूँ तो याद आया कि आज तो मेरे शहर की बंदी है और सारी दुकान तो आज बंद है फिर मैं कल पर टाल कर चली गई । अगले दिन फिर वही शाम आई तो चाय की बात आई, मैं आज फिर अपनी किचन की ओर बढ़ी तो देखा कि वो पड़ोस वाले घर की जो बिल्ली है "काजू" वो दूध को जमीन पर गिरा कर मजे से पिये जा रही थी। ये देख मैं चाय को फिर कल पर टाल दी और ऐसा करते करते हर एक दिन किसी ना किसी नए बहाने से चाय को टालती चली गई और धीर धीरे मौशम भी बदल गया । अब

शाम तो होती है पर वो इतनी सुहानी भी नही की जिसमे चाय पीने की तलब हो, बस यूं ही अकेले गुजार दिया करती हूं हर शाम । लेकिन एक दिन अचानक ही मन बड़ा अच्छा हुआ और कुछ गुनगुना भी रहा था । दिल को नाचने का मन कर रहा था और उस दिन शाम फिर वही मेरे पसन्द वाली सुहानी भी हुई थी, मानो वो भी मेरे मन की सुन रही हो और उस दिन चाय को टालने के लिए कोई वजह भी नही थी । तो मैंने आज चाय बना ली और हमेशा की तरह छत पर चली गई । जहा हर शाम बिताया करती हूँ और चाय की चुस्कियाँ लगाते मैं मौशम का आनंद लेना शुरू की , लेकिन एक चुस्की लगते ही कुछ ठीक नही लगा । चाय तो मैंने ही बनाया था और पूरे मन से भी बनाया था लेकिन ना जाने क्यों वो स्वाद नही आया जो मैं ढूंढ रही थी । कुछ फीका फीका सा लग रहा था । सब कुछ डालने के बाद भी वो स्वाद नही आया जो उस दिन आया होता जिस दिन पहली बार के चाय पीने का मन हुआ था । ना वो चाय का स्वाद था ,ना वो पहले वाला मन था,और ना ही वो पहले वाली बात रही । ठीक वैसे ही आज तुम आये भी हो, मुझसे कुछ ही दूर हो, लेकिन आज ना तुम्हे देखने का मन हो रहा ,ना तुम्हारी आवाज सुनने को मैं उत्सुक हूँ । नही इस लिए नही की मैं तुमसे नाराज हूं । मेरे दिल ही नही चाहता अब तुमसे मिलना। अब तो ऐसा लग रहा तुम कौन हो , कहा आये हो , मैं तो तुम्हे जानती ही नही । तुम हमेशा कहते थे मैं आऊंगा और कभी आते नही थे। शायद इस उम्मीद ने भी उम्मीद छोड़ ही दी की तुम कभी आओगे और आज जब तुम आये हो तो दिल को गवारा नही है तुम्हे ये ढूंढ ही नही रहा । शायद तुम एक बार आ

गए होते जब कहा था तो आज ऐसा नही होता लेंकिन ऐसा कभी हुआ नही । वैसे किसी ने कहा है जो होता है अच्छे के लिए ही होता है और तुम देर नही बहुत देर कर दिए लौटने में .... इस दिल से आज तुम्हे अलविदा करती हूँ " प्रिये " सदा के लिए अलविदा "कबीर"

9. प्रनव और अहाना

17 सितम्बर दिन सोमवार था । उस रोज मेरे शहर में एक मर्डर हुआ था ,जिसकी वजह से पूरा शहर बंद था और जगह जगह नाकाबन्दी थी। लोग अपने घरों से बाहर नही निकल रहे थे । सब अपने अपने घरों में बंद एक पास बैठ कर बस एक टक टीवी की तरफ ही बस देख रहे थे। उस दिन सारे न्यूज चैनल्स पर बस एक ही खबर दिखाई जा रही थी , मर्डर । लेकिन मैं इन सब से परे बेहद हैरान परेशान अपने कमरे के एक कोने में चुप चाप गम सुम सी बैठी थी । पिछले साढ़े छः घण्टो से मैं लगातार बस एक ही नम्बर डायल किये जा रही थी । जिसे डायल करने पर एक आवाज आ रही थी ,जिस नम्बर पर आप संपर्क करना चाहते है वो अभी बंद है या अभी पहुँच से बाहर है कृप्या थोड़ी देर बाद प्रयत्न करें । ये आवाज हजारो बार सुनने के बाद भी मैं बार बार नंबर डायल किए जा रही थी । मन बहुत घबरा रहा था और मेरी रो रो कर हालात बहुत खराब हो गई थी । मन मे बस बुरे बुरे ख़याल आ रहे थे । हवा की रफ्तार से भी तेज चलता उस दिन मेरा दिमाग़ ना जाने क्या क्या बाते सोच रहा था । खुद को कोसती मैं बार बार यही कहे जा रही थी खुद को कि मुझे क्या जरूरत थी कल प्रनव को ये कहने की मुझे दिल्ली , चांदनी चौक से पीले रंग का चूड़ा ले आना ।

लेकिन मैंने सिर्फ कहा था ले आना । मुझे बिल्कुल भी अंदाजा नही था कि प्रनव मेरी खातिर कल ही आगरा से

दिल्ली चला जाएगा चूड़ा लाने ।

खबर बताई जा रही थी 26 साल का नवजवान लड़का कद छोटा और गोरा मुखड़ा , कपड़े खून से ऐसे सने है कि ठीक से रंग बता पाना अभी मुश्किल है

इसी के साथ टीवी पर एक तस्वीर दिखाई जा रही थी । चेहरा धुंधला दिख रहा था ऐसा सब लोग कह रहे थे लेकिन मुझमें इतनी हिम्मत नही थी कि मैं अपने बिस्तर से हिल सकू और टीवी पर दिखाई जा रही तस्वीर को देख सकू। उस समय एक एक सेकेंड भी बिताना मुश्किल सा हो रहा था । ऐसा लग रहा था मौत आ जाये मुझे लेकिन ये खबर ना सुनु मैं । सुबह से शाम हो गई थी ना फोन लग रहा था ना अब तक उस नावजवान का नाम पता लग पाया था । ऐसा लग रहा था मैं अब अपनी अंतिम साँसे ले रही थी । मन इतना खराब और दिल इतने हिस्सो में टूट गया था कि मानो अब उसे मैं कभी संभाल ही नही पाऊँगी । लड़खडाते कदमऔर घबराए मन के साथ मैं वही चली गई जहा हर शाम 7: 30 बजे मैं और प्रनव मिला करते थे । इस उम्मीद में की आज भी 7 :30 पे मेरा प्रनव आएगा । उस दिन एक एक सेकेंड काटना मुश्किल हो रहा था अभी सिर्फ 6 बजे थे , जैसे जैसे समय आगे बढ़ रहा था मेरी हिम्मत मेरा साथ नही दे रही थी । आंखों के सामने अँधेरा होने सा लग रहा था जबकि मेरे चारो तरफ लाइट्स जल रहे थे । 7 : 55 हो गया और प्रनव नही आया अब तो ऐसा लग रहा था मैं आज लौट कर घर नही जा पाऊँगी । शायद आज आखिरी दिन था, मेरा इस दुनियां में । हिम्मत तो टूट ही चुकी थी और मैं वही जमीन पर गिर गई । 3 मिनट के बाद दूर से किसी के दौड़ने की आवाज आने लगी ऐसा लग रहा था

मानो कोई मेरी ही तरफ बढ़ा आ रहा हो , जैसे जैसे वो करीब आता गया चेहरा थोड़ा थोड़ा साफ दिखाई देने लगा । मेरे करीब आया और आकर घुटने के बल बैठता हुआ लगभग ,साँसे बहुत जोर जोर से ले रहा था । उसे देखते ही मेरे होश उड़ गए मैं चकाचैंध होकर एकटक बस उसे ही देखे जा रही थी। वो कुछ कहना चाहता था लेकिन लगातार दौड़ने की वजह से आवाज मुह से निकल ही नही पा रही थी । कुछ देर के बाद मेरे आंखों से आशु बहे जा रहे थे रुकने का नाम ही नही ले रहे थे और मेरे कापते होठ कुछ कह नही पा रहे थे इतने में वो मुझे गले लगा लिया और खुद रोते होए मुझे चुप होने को कह रहा था । मैं फूटफूट कर रोते हुए बोली प्रनव ,मेरा प्रनव , मेरा प्रनव वापस आ गया । रोते हुए बोला हा अहाना मैं आ गया ,तुम्हारा प्रनव आ गया ,देखो तुम्हारा प्रनव तुम्हारे पास है अब चुप ही जाओ प्लीज़ अहाना । ऐसा ही कुछ देर चलता रहा,तकरीबन 25 मिनट के बाद हम एक दूसरे से अलग हुए ,शांत हुए और प्यार भरी नजरों से एक दूसरे को देखे और माथे को चूमते हुए हँसे । फिर मैंने उससे पूछने की कोशिश ही कि थी कि तबतक वो मुझे चुप करते हुए बोलने लगा । मैं आज उसी मर्डर की वजह से दिल्ली में ही फस गया था ,कोई गाड़ी नही आ रही थी और मेरा फोन भी कही गिर गया है , दूर दूर तक कोई भी नही मिला जिससे मैं मदद मांग सकू,तुम्हे कॉल करके बता सकू । ये सब कहते कहते फिर उसकी उसकी आँखों मे आशु आ गए और उसकी आँखों मे एक डर भी देखा ,डर इस बात की की अगर उसे कुछ हो जाता तो मेरा क्या होता ।

फिर कुछ घण्टे वही बैठे हमने ढेर सारी बाती करी एक दूसरे

से , फिर एक दूसरे को गले लगाकर अपने अपने घर चले गए । घर पहुँचने पर वही टीवी चैनल्स ,वही न्यूज चल रही थी । अब भी सब टीवी ही देख रहे थे । लेकिन अब मेरा मन बहुत खुश था और दिल गुनगुना रहा था ।

10. तो फिर ....

सुनो मुझे तुमसे फ्रेण्डशिप करनी है उसने पहली बार मुझसे बात की थी । पहली बार की ये बात आज तक मेरे कानों में ऐसे गूँजती है जैसे वो अभी अभी मुझसे कहा हो । ये सुन कर खुश तो होना चाहिए था मुझे लेकिन दिल उदाश हो गया था उस दिन ,लेकिन चेहरे पे झुठी और हल्की सी मुस्कान लाते हुए । फ्रेंडशिप? फ्रेण्डशिप मुझसे करनी है तुम्हे ? जवाब में उसने ऐसे हाँ कहा जैसे उसके हाँ में कई सवाल छुपे हो,लेकिन उसने सिर्फ हाँ कह कर मेरी तरफ देखता ही रह गया मेरे जवाब के इंतज़ार में और मैं उसे एक टक देखते ही रह गई । उसे किसी ने पिछे से आवज़ लगाई.... ओये ब्रो चल .... वो मेरे जवाब के इंतज़ार में मेरी तरफ देखता हुआ जाने लगा लेकिन ना जाने क्यों मैं कुछ कह ही नही पाई । मन मे हजारो बाते चल रही थी ,मैंने जवाब क्यों नही दिया ,मैं हाँ बोल सकती थी ,नही मैं हाँ कैसे बोलती मैं उससे सिर्फ दोस्ती थोड़ी ना चाहती हूँ । खुद से हजार सवाल जवाब करने के बाद मैंने सोचा कि कल उसे हाँ बोल ही दूंगी ।

ये सोचते ही मेरे मन मे ख्याल आया कि कल ,कल वो मुझे मिलेगा कहा वो कभी कभी ही तो बस दिखता है अभी कुछ ही महीने पहले तो वो मेरी सोसाइटी में आया है अपने परिवार के साथ , हाँ लेकिन मुझे उसका पता नही मालूम है । मैं किसी से पूछ लुंगी । कल सुबह मैं ढूंढते ढूंढते उस घर के करीब जा पहुँची जहा प्रियम रहता है कुछ देर में वो

मुझे देखा और शायद वो मेरे ही करीब आ रहा रहा । मैं उसका इंतजार किए बिना ही खुद आगे बढ़ गई और उसके करीब जा पहुंची । प्रियम मुझे हाय बोला और मुस्कुराया , फिर हम साथ चलते चलते बाते करने लगे उसे कही जाना था वो बाय बोलकर आगे बढ़ा कि मैं तब तक बोल पड़ी " तो फिर ....", वो पलट कर मुझे देखने लगा और बोला "तो फिर क्या "? मैंने बोला "तो फिर कल मिलते है" वो मुस्कुराया और चला गया। मैं फिर आज उसे कह नही पाई " तो फिर कह के बात टाल दी" , यू ही करते करते 2 महीने बीत गए और एक दिन अचानक से पता चला कि मेरे पापा का ट्रांसफर किसी दूसरे शहर में हो गया है । ये सुनते ही मैं एकदम से शांत पड गई ,मानो मेरे पैरों तले जमीं खिसक गई हो । पापा बोले प्रिया अब तो तुम खुश होगी , तुम्हे ये शहर पसन्द नही था और अब हम लोग ये शहर छोड़ कर दूसरे शहर जा रहे है । मुझे समझ नही आ रहा था कि पापा को क्या जवाब दू , हाँ बोलू या ना ,अगर ना बोला तो पापा सवाल करेंगे और हाँ कहा तो , तो मेरा प्यार ,मेरा प्रियम जो अब इस शहर में है । उसके आने के बाद ये शहर क्या मुझे हर एक उन गलियों से प्यार हो गया है जहाँ से प्रियम गुजरात है । गर ना बोल देती हूँ और पापा भी किसी तरह मान भी जाते है तो उसका क्या , मुझे तो ये भी नही पता है कि प्रियम क्या चाहता है , दोस्ती? सिर्फ दोस्ती ही या कुछ और । मुझे तो ये भी नही पता था कि उसके मन मे क्या है मेरे लिए ? गहरी साँसे लेते हुए मैं पापा को हाँ में सिर हिलाते हुए अपने कमरे में चली गई और खुद से ही अनगिनत सवाल करने लगी । अब वो दिन भी आ गया जब हम ये शहर छोड़ कर जा रहे

थे । मैं अब तक प्रियम को कुछ भी बता नही पाई थी । मेरी आँखें नम थी और पापा की भी , लेकिन वजह दोनों के अलग थे । पापा ने यहा अपने जीवन के 25 साल गुजारे थे इस लिए उनकी आंखें नम थी और मुझे उसे खोने के गम की वजह से आंखे नम थी । मैं उसे खोने से डर रही थी जिसे मैं अभी तक कुछ कह ही नही पाई थी । फिर खोना कैसा?

वो एक अरसे बाद मेरा पता ,नही नही मेरे पापा का पता पूछता मेरे शहर आया , मैं उस शहर से आते वक्त उसे ये बात बता दी थी कि हम अब किस शहर में रहने वाले है। उसे देखते ही अपने घर के दरवाजे पे मेरी आँखें चमक उठी , खुशी से मैं झूम उठी और उसके करीब जा पहुँची । वो दरवाजे पे खड़ा था और पापा उसे अंदर आने को कह रहे थे । वो मुझे एक नज़र देखा फिर अपनी हाथो की ओर देखा , फिर मेरी नज़र जब उसकी हाथो पर पड़ी तो देखा कि उसके हाथ मे पीले रंग का शादी का कार्ड था । कार्ड पर लिखा था प्रियम संग अवंतिका । ये देखते ही मेरी आँखों मे पानी भर आए लेकिन आशु छुपाते हुए मैं नज़रे उठाई और उसके तरफ देखते हुए बोली बधाई हो । अभी मैंने बधाई ही कहा था कि उसकी आँखों मे भी मैंने आशु देखे । वो मेरी तरफ देखा और बिना कुछ कहे ही बाहर चला गया ।
मैं एकदम से शांत पड़ी उस कार्ड को बार बार निहारती रही और वो दो नाम बार बार पढ़ती रही । मन मे बस एक ही ख्याल बार बार आ रहा था । अगर प्रियम संग प्रिया होता तो कितना अच्छा होता । उसके नाम मे छुपा मेरा नाम एक इतेफाक है या कुछ और ??? नही पता लेकिन उस दिन उसकी भी आँखों मे आँशु देख ये तो समझ आ गया

था कि अगर उस दिन मैं, "तो फिर ......"का जवाब दे दी होती तो आज कार्ड पर प्रियम संग अवंतिका नही प्रियम संग प्रिया होता ।

11. माई लव विशलिस्ट

मुझे हमेशा से किसी एक ऐसे की तलाश रही है
जो मुझे मेरी कल्पनाओं सा पूरा कर सके
कोई ऐसा जो मुझे मुझसा नही,लेकिन मुझसे प्यार करे
करे मोहब्बत वो मुझसे हिसाब में बेशक
लेकिन इज़्ज़त वो मेरी बेहिसाब करे

नही कह रही कि दिन भर वो बात करे मुझसे
लेकिन सुबह की पहली और रात की आखिर बात
वो सिर्फ मुझसे ही करे
वो हजारों की कल्पनाओं में बेशक रहे
लेकिन वो हजार कल्पना सिर्फ मेरी करे
हो कोई ऐसा जो मुझे बेपनाह मोहब्बत करे
मेरे रुठ जाने पे हर बार वो अलग अलग तरीके से मनाए
वो मुझे महंगे तौफे नही, बस कुछ घण्टे हर रोज मेरे संग
बिताए
जो गर कभी मैं पड़ जाऊ बीमार
तो वो पूरी रात जगे मेरे तकिए के पास बैठे बिताये
ठंड लगे जो कभी मुझे तो वो अपनी जैकेट में नही
मुझे अपनी बाहों में छुपाये
बहे जब मेरी आँखों से आँशु तो मेरे आँशु पोछ
मुझे अपने काँधे पर सुलायें
हो कोई ऐसा जो पूरे हक से मुझपे अपना हक जताए
मेरे रोने से ,मुझे खोने से,मेरे ना होने से
फर्क उसे भी पड़े

संग रहने पे वो मुझमे और दूर होने पे
मेरे ख्यालो में ही वो खोया रहे
अगर मेरे जूते की लेश खुल जाए,तो वो भी वही रुक जाए
क्योंकि उसे भी मेरे संग चलना बेहद पसंद हो
ना हो उसे जमाने की परवाह,वो मेरा हाथ थामे चल सके
हर बार मुझे बाई तरफ कर खुद दहिने तरफ चले
उसकी पहली नही लेकिन अहम वरीयता मैं रहूँ
हो कोई ऐसा जिसे मैं अपना कह सकू
जिसे देख हलचल होने लगे दिल मे
जो दिन का चैन, रातो की नींद उड़ा दी मेरी
उसे भी मुझे सीने से लगा कर उतना ही सुकून मिले
जितना मैं करु इतंजार उसे सीने से लगाने का ।
जरूरी नही की वो कहे मुझे "आई लव यू "
बस मेरे माथे को चूम मेरे हाथ थाम ले
हो कोई ऐसा जो बस मेरा और सिर्फ मेरा ही रहे।

12. मुझे प्यार नही इश्क़ चाहिए

मुझे प्यार नही इश्क़ चाहिए
जिश्मानी नही, रूहानी चाहिए
सो कॉल्ड कंपेनियन नहीं
कहने को हम सफर चाहिये
दिल मे किरायदार का नहीं
एक खाश का दर्जा चाहिए
मुझे प्यार नही इश्क़ चाहिए

जुबा से नही, आँखो से बात करने वाला चाहिए
मुझे हाथों से नही, सांसो से छू कर
मेरी धड़कनो की रफ्तार बढ़ा देने वाला चाहिए
अल्फाज़ो से नही, वो जज्बातो से भरा होंना चाहिए
मुझे प्यार नहीं इश्क़ चाहिये

मुझे आज कल वाला लव नहीं,
पुराना वाला इश्क़ चाहिए
दूरियां मिलो में चाहे जितनी हो,
दिलो में नहीं होनी चाहिए
महंगे तौफे देंने वाला नहीं
इज़्ज़त और वक्त देने वाला चाहिए ।
मुझे प्यार नहीं इश्क़ चाहिए

मुझे परफेक्ट नहीं ,इम्पेरफेक्ट ही चाहिए
इंटरकास्ट नही, लड़का मुझे खानदानी चाहिए ।
पैसे से वो हो या ना हो,
पर दिल से अमीर होना चाहिए ।
मुझे प्यार नहीं इश्क़ चाहिए ।

सस्पेक्ट करने वाला नहीं, ट्रस्ट करने वाला चाहिए ।
मुझे टेम्परोरी नहीं, परमानेंट चाहिए ।
गलतियों पर मेरी डॉटने वाला नहीं,
मुझे प्यार से समझाने वाला चाहिए ।
दिखावे वाला नही,मुझे मोहब्बत करने वाला चाहिए ।
मुझे प्यार नहीं इश्क़ चाहिए ।

इनसिक्योर नहीं, पोसस्सीवे होना चाहिए ।
लविंग एंड कैयरिंग नेचर का होना चाहिए ।
हक़ से मुझे अपना कहने वाला चाहिए ।
बात ना करने के बहाने बनाने वाला नही,
मिलने की वजह ढूँढने वाला चाहिए ।
मेरी कमियों को इम्प्रूव करने वाला चाहिए ।
मुझे प्यार नहीं इश्क़ चाहिए ।

13. वंचित रह जाता हैं

कुछ तो है जो वंचित रह जाता है हर रोज
दिन भर कहती तो हूँ मैं हजार बाते
करती हूँ बाते भी खूब सारी कई लोगो से
लेकिन कुछ कहना ,किसी से वंचित रह जाता है
हर रात अकेले बस यही सोचती हूँ
क्या भूल रहा ,कौन छूट रहा है
कुछ तो वंचित रह गया है
शैलाब आँखो में भरे है बेशूमार
और हर सुबह वो आँखे सुर्ख रहती है
कुछ तो वंचित फिर से रह ही गया है
देखती है दिन भर वो हजारों चेहरे
फिर एक वो कौन सा चेहरा है
जिसका दीदार हर रोज वंचित रह जाता है
ढूंढती है वो एक छवी मन
कही दबे हुए भीतर ही अंतर मन मे
दिखता नहीं क्यो कभी उसे वो
क्यों हर बार वो वंचित रह जाता हैं
कई ध्वनियाँ है यहां सुनने को
सुनाइ देती है दिन में हजारों ध्वनियाँ
फिर वो एक कौन सी ध्वनि है
जिसे सुनने का इंतजार हर रात को होती है
क्यों हर बार वो सुनने से वंचित रह जाता है

14. शायद मुझे प्यार हो रहा था

मिले थे जब हम पहली बार
कहा पता था ,कौन है हम
बेखबर थे वो भी हमसे,हम भी अंजान थे
मेरे लिए तो बस वो एक ,घर आये मेहमान से थे
कहा खबर थी जल्दी ही वो ,बनाने वाले मेरी जान थे
हो रहा था उनसे,इश्क़ मुझे
और हम इस खुशी से ही अंजान थे

वो पहली दफ़ा जब मिली थी उनसे
काला कुर्ता वो पहने थे
जुल्फे उनकी काली,गोरे माथे पे आ लटकी थी
नही भूली मैं उनकी, वो खुशबू आज तक
जो इतर उस रोज उन्होंने लगाया था
महक उठी थी,मेरी घर - गलियां
जब मेरा इश्क़,मेरी दहलीज पर आया था

धड़क रहा था बड़ी जोरो से दिल मेरा
जब नजरें उनसे पहली बार मिलाई थी
आँखों उनकी जाने क्या? इशारे मुझे कराई थी
देखती रह गई कई रोज तक, जमीं वो मैं
जिसपे पाव उनकी,पहली क़दम ले आई थी
थी तो वो जमीं औरो सी ही

लेकिन उसके सिवा मुझे कुछ और राश न आई थी
हो रही थी मोहब्बत उनसे
ये बात उस वक्त समझ ना आई थी

• 36 •

15. रिश्ता

अब उनसे मेरा कोई रिश्ता नहीं रहा

फिर भी कुछ अधूरा सा तो रह ही गया है

वो सिर्फ दोस्त थे मेरे?,या थे कोई खास?

वो मेरे करीब भी थे?,या रहते थे बस आस पास?

पता नहीं ,लेकिन अब कुछ अधूरा सा लगता है उनके बिना

वो जगह तो मैं आज भी किसी और को दे नही पाई

जो एक खास जगह दिया था उनको, अपने दिल मे

नही........, किरायदार तो नही थे वो

शायद मैं ही उनके दिल में जगह बना नही पाई

टूटा जो दिल मेरा,उस दिल की बात उन्हें कभी बता ना पाई

छुपाये रखी ज़ख्म अपने,जमाने से ,वजह वो वाजिब थी

लेकिन उन्हें भी तो कभी सुना ना पाई ,हाले दिल अपना

क्यूँ, वो क्या वजह थी???

ये दिल खुश था जिसके संग,वो खुशी क्यों ना मुझे मिल पाई?

क्या अकेली मैं ही खुश थी उस खुशी में ,कही ऐसा तो नही?

नही........ कहाँ तो वो भी करते थे मुझसे वो बाते

जो वो औरो से नही किया करते थे

बाते खास ना सही,जज़्बात तो उनके भी हकिकित ही हुआ करते थे

मिलता उन्हें भी तो सुकून था मेरी बाहों में

शामे वो भी तो मेरे संग ही बिताना चाहते थे ।

सर्दियों में जब हाथ ठंडे पड़ जाते थे उनके
उंगलियों के बीच मेरे हाथ अपने वो छुपाया करते थे
उदाश होने पर सहारा मेरे ही काँधे का लिया करते थे
फिर कैसे मैं ये मान लू की रिश्ता एकतरफा ही था?

16. सवाल नहीं मेरी जान

सुनो ना प्रिये
मैं शिकायते नही कर रही
बस तुम्हारी ही कही हुई सारी बातों को तुम्हे आज बता रही
हूँ

तुमने कहाँ था ,बर्षो पहले मुझसे

जब हम एक हुआ करते थे

की तुम्हें ईश्क हैं मुझसे,मेरी रूह से

मेरे आवाज़ से,मेरी बात से

मेरे साथ से,मेरे एहशास से

तुम्हारी इबादत हूँ मैं, तुम्हारी आदत हूँ मैं

कहते थे तुम उस वक्त मुझे

तुम जान मेरी,जहांन भी अब तुम हो

मेरी सुबह तुम ,मेरी हर शाम भी तुम हो

मेरे जीने की वजह,मेरी प्राण आधार भी तुम हो

तुम हो तो मैं हूँ, तुम्हारे बिना मैं कुछ भी नहीं हूँ ।

रख कर मेरे गोंद में सर ,तुम सारे जहाँ की खुशी पा लेते
थे

थाम हाथ मेरे ,तुम यू ही कई मिलो तक चला करते थे

थके हो कर भी तुम,पूरी रात मुझसे बाते किया करते थे

परेशान होने पर मेरे, पूरी रात तुम भी जगा करते थे

थकते नहीं थे कभी तुम मुझे देखते हुए
आँखों मे मेरी ,तुम्हे तुम्हारी दुनियां दिखती थी
मेरे उलझे बालो में हाथ फेरते
कहते थे तुम,बस अब यही जहान हैं मेरी

मेरे झुमके से,मेरे काजल तक का ख़्याल था तुम्हे
मेरी बिंदी में ,भरपूर प्यार दिखता था तुम्हें
मेरी मेहँदी में हो बस नाम तुम्हारा
गले मे हो मेरे मंगलसूत्र तुम्हारा
और ख्वाहि थी तुम्हारी , बस मुझे अपना बनाने की ।

कहते थे तुम, मैं जी नहीं पाऊंगा
जाओगें जो छोड़ मुझे,मैं मर ही जाऊँगा
इस जनम क्या अगले हर जनम में
मैं तुम्हारे साथ,तुम्हारा बन कर ही रहना चाहूंगा।

बस अब एक आखिरी बात प्रिये
सवाल ना समझना , जज़्बात को मेरे
कहते हो किसे अब तुम ,अपना इश्क़ प्रिये
वो सारी बाते अब किससे किया करते हो
बस एक बार बता तो दो ना प्रिये
किसके संग अब करते हो ,दिन और रात एक प्रिये ।

17. धुँधली धुँधली सी याद

कुछ धुँधला धुँधला सा याद आ रहा है
उस रात की बात कुछ याद आ रहा है
हर इश्क़ की रात हम नशे में रहते है
नशा इश्क़ का कुछ मुझे याद आ रहा है
जाम नहीं ,हम आँखे पढ़ उनकी मदहोश थे
बेहोश नही ,हम इश्क़-ए-होश में थे
नाम उनका था शिवम ये याद आ रहा है
लेकिन फोन में मेरे नम्बर उनका हार्टबीट था उस रात
मुझे उस रात की ये बात याद आ रहा है
नशे की रात कुछ धुँधला धुँधला याद आ रहा है
बाते प्यार भरी देर रात तक कि थी हमने
लेकिन बाते जो कि थी ,वो धुँधला धुँधला याद आ रहा है
वो प्यार में थे और हम नशे में
ये बात उनको खबर ना थी
इस लिए उन्हें सब याद है
और मुझे धुँधला धुँधला याद आ रहा हैं
बाते सारी जाननी है मुझे
जो कि थी मैन उस रोज उनसे
लेकिन उन्हें बता ना सकती मैं ये बात
की मुझे धुँधला धुँधला सा याद आ रहा है

18. रिहाई पा ली

अब मैं जब उनपर कभी लिखने का सोचती हूँ
ना जाने क्यों बस अब सोचती ही रह जाती हूँ
ना जाने क्यों अब कुछ लिख नही पाती हूँ
समझ नही आता कि श्याही कलम में नही है
या दिल मे अब जगह ही नही है उनके लिए
शायद वजह है मेरे ना लिख पाने की
कि लिखने के लिए अल्फ़ाज़ो की नही
भावनाओं की जरूरत होती है
और भावना अब कुछ रही नही उनके लिए
क्यों कि जब उन्होंने मेरा दिल तोड़ा था
तो हाजरो जज्बात थे मेरे दिल मे उनके लिए
और उन टूटे दिल को समेटते समेटते
बहुत वक्त लगा और उस वक्त में
मैंने अनगिनत कविता ,कहनियाँ उनपर पर लिखी
और अब उन सारे हिस्से को समेट ली हूँ
और सारे हिस्से को जोड़ ली हूँ
हाँ शायद एक छोटा सा टूकड़ा कही छूट गया है
इस लिए अब दिल जुड़ तो गया है
लेकिन अब भी वो पहले सा नहीं रहा
हाँ लेकिन अब ठिक हैं
दिल खुश और मन शाँत है

19. लिख बैठी

मैं किताब नही इश्क़ लिख बैठी हूँ
कहानियां नही मैं किस्से लिख बैठी हूँ
अल्फाज ही पढ़ोगे तुम ,मुझे पता है
लेकिन मैं फिर जज़्बात लिख बैठी हूँ

लौटने की आश में तुम्हारे
मैं इन्तज़ार लिख बैठी हूँ
सुकून की जगह पर
मैं फिर तुम्हारा नाम लिख बैठी हूँ

खाश बना मैं खुदमे तुमको
तुम्हे गुमनाम लिख बैठी हूँ
दास्तां ईश्क़ की अपनी
मैं सरेआम लिख बैठी हूँ

जान बना कर अपनी तम्हें
तुम को अनजान बता बैठी हूँ
मोहब्बत कृष्ण सी बता कर
मैं तुम्हे अपना राम बना बैठी हूँ

20. एक याद आपकी

जब जब मैं खुद को समेट चुकी होती हूँ
तुम्हारी यादो को एक झोका आता है
बिखरे मुझे और एहसास करा जाता है
की अभी मैं खुद को समेट नही पाई हूँ
मेरे दबे हुए जख्मो को उभार देती है
ठीक वैसे ही जैसे मैं तब उभरी थी
जब तुम मुझे वर्षो पहले छोड़ गए थे
जैसे कि स्वेटर का एक छोर
अटक कर कही उभरता चला गया
और अंत मे सिर्फ धागा बच गया
ठीक वैसे ही मैं भी उभरती चली गई
तुम्हारे जाने के पश्चात
लेकिन मैंने खुद को संभाला है
इस उम्मीद पे की उस बचे हुए धागे से
दूसरा स्वेटर वुना जा सकता है
एक नए तरीके से,एक नई उम्मीद से
लेकिन वह उम्मीद कभी कभी डगमगा जाती है
तुम्हारी बिखरे बिखरे जुल्फ,नीली श्याही सी आँखें
लम्बा कद और श्यामल रंग का मुखड़ा
उन यादो से मैं मुख मोड़ तो नही सकती
लेकिन अब उनसे विदा लेना चाहती हूँ
ताकि मैं उस उभरे हुए स्वेटर को
दुबारा एक नए सिरे से बुन सकु

विचार

21. विचार

2 LINER

मुझे ज्यादा कुछ तो नहीं पता प्यार के बारे में
लेकिन तुम बिन कुछ सूना सूना से लगता है
०००००००००००००००००००००००००००००००

आज फिर किसी ने मेरे ज़ख्मो को हवा दे गया
हाल पूछ उनका मुझसे,मुझे बेहाल कर गया
०००००००००००००००००००००००००००००००

एक पल में ही बेदखल कर दिया उन्होंने
शायद उनके दिल मे मैं बस एक किरायदार ही थी
०००००००००००००००००००००००००००००००

आज फिर किसी ने मेरे इश्क़ को आधा कर दिया
छलियाँ बना घनश्याम उसे,मुझे राधा कह दिया
०००००००००००००००००००००००००००००००

अब तो तुम्हारी आँखे पढ़ना और भी आसान हो गया है
मेरा वक्त अब जाया नहीं होता तुम्हारे गुलाबी होठों पे
०००००००००००००००००००००००००००००००

वर्षो पहले छुआ था तुमने मुझे
आज भी मेरे जिस्म में तुम्हारी ही खुशबू है
०००००००००००००००००००००००००००००००

बेहद पसंद है मुझे वक्त बिताना
फिर चाहे संग तुम रहो या तुम्हारी यादें
०००००००००००००००००००००००००००००००

मैंने अपना पूरा इश्क़ लिख डाला
पढ़ने वालों ने बस कहा "किताब अच्छी है"

०००००००००००००००००००००००००००००

जो शुरू हुआ था तुम संग ,शून्य से अनंत
आज फिर वो अनंत से शून्य पे जा पहुँचा है

०००००००००००००००००००००००००००००

गुनाह कर हजार,और वो प्यार से बात कर बैठे
भूल सारी गलतियां उनकी,आज फिर मैं दिल हार बैठी

०००००००००००००००००००००००००००००

वो हर बार अल्फ़ाज को ही समझते रहे
मैं हर बार उन्हें ख़ामोशीया समझाना चाही

०००००००००००००००००००००००००००००

माना कि छितिज को आँखो का धोखा ही कहते है
लेकिन उस धोखे ने ही कई प्रेमियों को जिंदा रखा हैं

०००००००००००००००००००००००००००००

किस्से कहानियां कई लिखी तुम पर
मिलों ना आख़िरी बार एक किताब पूरी करनी हैं

०००००००००००००००००००००००००००००

मैं तो सुलभ थी
इश्क़ कर तुमसे मशहूर हो गई

०००००००००००००००००००००००००००००

गर थे वो शौकीन किताब के
तो बेशक़ उन्हें आँखे पढ़ना भी आता होगा

०००००००००००००००००००००००००००००

मिल कर आखिरी बार बताना है तुमको
कि मिलना था बस आखिरी बार तुमसे

3 LINER

जब बात ना हो किसी खास से
तो नफ़रत या नाराजगी होती है
खैर मुझे अब तुमसे दोनों ही नही है

००००००००००००००००००००००००००००००

मुझे जान शब्द तो नहीं पसंद
लेकिन उसका किसी और को
जान कहना ,मेरी जान ले जाता है

००००००००००००००००००००००००००००००

इश्क़ होने के बाद पता चला
दोस्ती प्यार में बदल सकती हैं
प्यार दोस्ती में कभी नहीं

०००००००००००००००००००००००००००००००

इस बार वो मेरी सारी अनकही समझ गए
सीने से लगाया जब उन्हें
अश्क उनकी भी आँखो से बह गए

००००००००००००००००००००००००००००००

मेरे बिना बदली तो उनकी भी जिंदगी है
तस्वीरें सारी मुस्कुरा रही उनकी
और आईने उनके खामोश हैं

०००००००००००००००००००००००००००००००

कह तो दु मैं तुम्हें जो मुझे कहना है
लेकिन कहने को सिर्फ एक शब्द है
संभालने को पूरी ज़िंदगी है

०००००००००००००००००००००००००००००

4 LINER

बात हजार थे कहने को
लेकिन लफ्ज़ ख़ामोश थे
वक्त अब सही नहीं है कहने को
ये आँखो को कहा पता था ।
००००००००००००००००००००००००००००

अनजाने में ही जो हो जाये
वही तो ईश्क़ होता है
जो जाति देख कर हो
वो तो साजिशें होती है
०००००००००००००००००००००००००००००

हृदय भी अब इंकार कर दिया है
और अब मन भी कहता है
प्रेम नही है अब उनसे
लेकिन मैं अब भी लिखती हूँ उनकी याद में

०००००००००००००००००००००००००००

मैन धागे बांधे हजार ,मन्नतो के
व्रत भी रखा सोलह सोमवार का
ना जाने पत्थर कौन सा पूजी थी वो
जो ले गई तुम्हे अग्नि के साथ फेरो में
००००००००००००००००००००००००००००००

इश्क़ पूरी किताबो में बाट दी
जो आज सब पढ़ रहे है

दिव्या तिवारी

तन्हाईयां बची मेरे हिस्से में
जो मैं अब भी अकेले में पढ़ रही हूँ

कुछ अनकहे जज़्बात

22. ये बारिश की हल्की बूंदे

ये बारिश की हल्की बूंदे
क्यों मुझपर इतना भारी पड़ती हैं
कहर तुम्हारी यादो का
क्यो ले वो तेज बरसती है
तेज गरज बादलों की
क्यो मेरे चीखों सी लगती है
भर के मन वो बरसती है
या मन भर के बरसती हैं
छम छम सी जब वो करती है
धड़कने बस में न रहती हैं
ये बारिश की हल्की बूंदे
क्यो मुझपे इतना भारी पड़ती हैं

23. वादे आपके

आप चले गए वादे सारे छोड़ गए
हाथ थाम मेरा कुछ वक्त के लिए
हर वक्त अब अकेला कर गए
इल्म रह गया है अब कि एक आखिरी बार मिलना है
मिल कर बताना है कि बस अब आखिरी बार मिलना है

किया न था कभी ये वादा मुझसे
चले जाएंगे आप छोड़ मुझे यू एक दिन
पूरी तो ना कि आपने एक भी वादे
फिर किया किससे था वादा ये छोड़ जाने का
जो आप मेरे संग निभा गए

यादो की डायरी में एक बात जोड़नी हैं
आखिरी बार जब मिलेंगे आपसे
वो बात लिखनी है
बस एक आखिरी बार
आपको अपनी याद लिखनी हैं

24. तुम

तुम कौन ,ना जाने कौन
बातो में तुम मेरे हर बार मौन
शुरू कही हो ,किसी पे भी
अंत तुम और अनंत भी तुम
ख्यालो में तुम्हारे दिन गुजरे
रात भारी यादो से गुजरे
कहते कहते ना थकु मैं
नाम तुम्हारा बस तुम ही तुम
तुम कौन ना जाने कौन

25. कविता सुनाऊंगी

इस बार मैं पूरी कविता लिख कर आऊँगी
कागज को कलम से तुम्हारा नाम बताऊंगी
कलम की इंक में मैं इश्क़ घोल कर आऊँगी
ज़र्रे ज़र्रे कागज़ के मैं दास्ता सुनाऊंगी
तुम सुन सको तो तुम भी सुनना
मैं अपनी कहानी सबको बताऊँगी
इस बार मैं पूरी कविता लिख कर आऊँगी

26. छवी तुम्हारी

देर रातो तक जगते रह जाती है
वो आंखे जिनमे कभी तुम्हे प्यार नजर आया करता था
और उन आँखो मे टुट रहे होते है कुछ सुहाने ख्वाब
रातो के अंधियारे मे बनाते है तुम्हारी छवी
वो छवी जो मैं बनाई हूँ कही अपने मन के भितर
और उस छवी से पुरी रात वो बाते करती हूँ
जो तुमसे कह देना चाहती हूँ अब
भोर तक करती रहती हूँ मै तुमसे बाते
फ़िर सुरज की किलकिलाती किरने आती है
बिखेर देती है चारो तरफ़ रोशनी
और मेरी आँखों मे बनी वो छवी बिखर जाती है
फ़िर वो सारी बाते अधुरी ही रह जाती हैं
जो मै तुम्हे बताना चाहती हूँ

27. सवाल

मुझे याद आ रहा है जब हम उनसे प्रेम में थे
तो वो मुझे कई बातें ऐसी कहा करते थे
जिसके जवाब में मैं अक्सर खामोशी दिया करती थी
नही इस लिए नही की मुझे कोई जवाब नही सुझा
बल्कि इस लिए कि मैं उन्हें जवाब ही नही देना चाहती थी
क्योंकि अगर उन्हें उनका जवाब मिल जाता
तो वो मुझसे कभी दुबारा वो सवाल नही करते
और मुझे वो सवाल बार बार सुनना अच्छा लगता था
लेकिन अब इतने साल हो गए उनको गए
ना उन्हें जवाब मिला,ना अब मुझसे सवाल कोई करता
लेकिन मैं उनसे ये सवाल करना चाहती हूँ
कि वो जिनके संग अब है
क्या वो अब उनसे भी वही सवाल करते है?
अगर हाँ तो उनके जवाब क्या होते है
उम्मीद करती हूँ कि उन्हें उनका जवाब मिल गया होगा।
और जिस बेहतर की तलाश में थे वो
वो भी शायद मिल गया होगा

28. साँझा

किससे साझा करू मैं अपना दुःख

तपन सी लग रही आज

मन बहुत उदाश है

कुछ ठीक नही लग रहा

ऐसा भी नही है कि किसी की याद आ रही

बस कुछ अच्छा नही लग रहा

शांत मन से एक कोने में बैठी हूँ

आज खुद से भी बाते करने का मन नही कर रहा

मुझे वजह भी नही पता कि मैं उदाश क्यों हूँ

है कुछ तो बाते और कुछ परेशानियां भी है

लेकिन वो इतनी भी बड़ी नही

जो मेरे मन पर हावी हो

लेकिन वो छोटा दुःख भी बाटू किससे

कोई नही जिससे मैं अपना दुःख साझा कर सकूं

29. तुम भी जानना

देखो लिखा था जो तुम पर मैंन कभी
वो मैं सिर्फ तुम्हे ही सुनाना चाहती थी
लेकिन आज सारा जमाना पढ़ रहा है
छुपाना चाहती थी जो मैं सबसे
वो आज सारा जमाना सरेआम कर रहा है
इश्क़ किया था मैंने भी तुम संग
बस तुमने ना किया मुझसे
ये बात आज सारा जमाना जानता है
जो मुझे बताना था तुम को
आज वो सारा जमाना जनता
हो सके तो तुम भी पढ़ाना मेरा" इश्क़"
जो आज सारा जमाना जानता है

30. मूव आन

जब आपका दिल उस इंसान के बिना ही खुश रहने लगे
जो कभी आपकी पूरी दुनियां हुआ करता है,सबसे खाश हुआ
करता था
जब आपको पूरे दिन में एक बार भी उसकी याद ना आये
जब आप सच मे दिल से किसी और को ढूंढने लगो
जब गाने और शेरो,शायरियाँ रेलटेबल्स ना लगे
जब आपको खुद को खुश करने के लिए उसकी यादे,
या उसकी कोई पुरानी तस्वीर,या साथ गुजारे लम्हे याद ना
करने पड़े
जब आपको उसके कॉल या मैसेज का इंतजार ना हो
और आपका फोन भी उस नम्बर को डिलीट कर चुका हो
जिसपे आप कुछ दिन पहले फोन किया करते थे तो एक
रिंग जाने के बाद आवाज आती थी कि "जिस नम्बर पर
आप संपर्क करना चाहते है वो अभी ब्यस्त है कृपया थोड़ी
देर बाद संपर्क करे "।
और मैसेज के लिस्ट में वो नम्बर अब इतना नीचे जा चुका
हो कि मानो अब वो गुम हो गया हो और ढूढ़ने से भी ना
मिले ।
तब आप सही मायने में मूव ऑन कर चुके होते हो

31. तुम होते तो बात ही कुछ और होती

तुम होते तो बात ही कुछ और होती

ये शाम यू अकेले ना गुजरती

ये रात अकेले जागती भी नही

सुबह सुर्ख आँखों की सबब में

जवाब तुम होते

नाम लेती तुम्हारा जब

ये होठ भी मुस्कुरा उठते

सुबह उठते ही राम के साथ नाम तुम्हारा होता

दिन बातो में,रात ख्वाबों में गुजरता

वो खत जो तुम्हारी याद में लिख कर जला देती हूँ

तुम होते तो तुम्हे भेजा करती

मस्तक जब जब झुकता मेरा

सलामती की तुम्हारी दुआ करती

हर एक लम्हे में जिक्र तुम्हारा करती

तुम होते तो बात ही कुछ और होती